감사 노트

나의 _____ 번째 감사 노트

/   /   ~   /   /

_____

_____

"고맙습니다."
마법 같은 한마디

스트레스 연구의 대가로 불리는 한스 셀리에가 고별 강연을 할 때였습니다. 한 학생이 물었습니다. "스트레스를 없애는 비결을 딱한 가지만 이야기해 주십시오." 그러자 그는 이 한마디를 남겼습니다. "감사."

감사는 기쁨을 일으켜 나를 더 좋은 일, 더 아름다운 관계, 더 행복한 시간으로 나아가게 합니다. 반대로 자주 불평하거나 부정적인 생각을 품다 보면 결국 삶 자체에 대한 회의가 싹터 마음이 어두워집니다.

우리가 힘든 순간에도 감사할 일을 찾아야 하는 이유입니다. 작은 것이라도 감사의 조건을 찾아내 보세요. 불평하고 나서도 감사할 일은 없을지 떠올려 보세요. 그러면 어느새 좋은 일에 집중하는 자신을 발견할 것입니다.

물론 갑자기 감사할 일을 떠올리기란 무척이나 어렵습니다. 이 책은 그런 분들을 위해 쓰였습니다. 빈센트 반 고흐, 윌리엄 셰익스피어 등 좋은생각이 지금까지 모은 문장 중 사랑과 희망, 삶의 아름다움을 노래한 명언을 선별했습니다. 이를 하루에 한 구절씩 제시하며, 어떤 부분을 특히 주의 깊게 읽으면 좋을지 표시했습니다. 문장을 활용해 오늘의 감사를 적고, 나만의 감사 기록으로 만들어 보세요.

감사는 저절로 주어지지 않습니다. 의지를 갖고 찾아 행해야 합니다. 그래야 감사가 주는 진정한 평화를 맛볼 수 있습니다. 감사는 나를 평화롭게 하는 가장 쉽고 빠른 길입니다.

《3·3·3 감사 노트》는 '나에게 고마운 일', '다른 사람에게 고마운 일', '오늘 기억에 남는 일' 세 가지로 나뉘어 있습니다. 각각의 항목에 세 가지씩 답해 보세요. 심리학자들은 숫자 '3'에 마음을 움직이는 힘이 있다고 말합니다. 안정적이고 기억하기 좋은 숫자이기 때문입니다. 높은 집중력을 유지하는 시간 역시 삼 분으로 봅니다.

하루 삼 분 시간을 내어 세 가지 질문에 세 문장을 써 내려가며 하루를 돌아보고, 나 자신을 격려하세요. 이를 삼십 일간 세 번 반복

할 수 있는 분량입니다. 매일 기록하면 좋겠지만 빠뜨려도 괜찮습니다. 다음 날 다시 쓰면 되니까요. 습관을 들이는 것이 중요합니다. 위쪽에 작성일도 써 둡니다. 나날의 기록이 모이면 나의 소중한 삶이 됩니다. 후에 책을 펼쳐 보면 언제 어떤 일을 겪었는지, 고마운 일이 얼마나 많았는지 알 수 있습니다.

특별하거나 거창한 일을 써야 하는 것은 아닙니다. 부담감을 내려놓고 사소한 일부터 적어 보세요. "따뜻한 도시락을 싸 준 엄마에게 고맙다." "약속에 늦지 않았다." 등 당연하게 여겼던 일상도 쓰는 순간 고마운 일로 다가옵니다.

《3·3·3 감사 노트》 함께 읽고 쓰기

❶ 오늘의 한마디

오늘 함께 읽고 싶은 한 문장입니다. 그중에서도 좀 더 깊이 생각해 보면 좋을 단어를 특별히 강조했습니다. 오늘의 감사는 여기서부터 시작해 보면 어떨까요?

❷ 나에게 고마운 일

'함께 있다는 것'에 초점을 맞춘다면 어떤 감사를 할 수 있을까요? 가족, 친구는 물론 길에서 만난 사람과 나눈 대화 등 사소한 행동일지라도 쓰는 순간 마음에 행복과 감사가 피어납니다.

❸ 다른 사람에게 고마운 일

나를 웃음 짓게 한 사람이나 용기를 준 한마디, 곤란한 상황에서 도움 받은 일 등을 적어 보세요.

❹ 오늘 기억에 남는 일

오늘 겪은 일 가운데 기억에 남는 순간을 기록하세요. 기쁘고 행복한 일뿐 아니라 슬프거나 아팠던 일도 나의 소중한 역사가 됩니다.

01

1 감사합니다, 감사합니다, 항상 감사합니다. _ 윌리엄 셰익스피어

2 나에게 고마운 일

1. 친구랑 간식을 나누어 먹었다.

2. 친구에게 잊지 않고 잘 자라는 메시지를 보냈다.

3. 출근길, 전철에서 나를 밀친 사람에게 짜증 내지 않고 웃어넘겼다.

3 다른 사람에게 고마운 일

1. 따뜻한 점심 도시락을 싸 준 엄마에게 고맙다.

2. 오래간만에 전화로 안부를 물은 친구에게 고마운 마음이 들었다.

3. 일이 잘 풀리지 않아 의기소침할 때 직장 선배가 격려해 주었다.

4 오늘 기억에 남는 일

1. 친구가 전화해 결혼 소식을 전했다. 오랜만에 옛 생각이 나서 반가웠다.

2. 아이가 어린이집에서 배운 춤을 추었다. 오늘 기분이 좋아 보였다.

3. 몇 주째 감기가 떨어지지 않는다. 체력을 길러야겠다.

산책을 나가 볼까요?
흐르는 구름, 바람에 흔들리는 나뭇잎, 작은 새와 벌레들.
움직이는 것들을 가만히 관찰하다 보면
나도 뭐든 할 수 있을 것 같은 기분이 든답니다!

01

감사합니다, 감사합니다, **항상 감사합니다.** _ 윌리엄 셰익스피어

나에게 고마운 일

1. _____

2. _____

3. _____

다른 사람에게 고마운 일

1. _____

2. _____

3. _____

오늘 기억에 남는 일

1. _____

2. _____

3. _____

02

감사는 평범한 날을 **감사**로, 일상적인 일을 **기쁨**으로,
평범한 기회를 **축복**으로 바꾼다. _ 윌리엄 아서 워드

나에게 고마운 일

1. _____

2. _____

3. _____

다른 사람에게 고마운 일

1. _____

2. _____

3. _____

오늘 기억에 남는 일

1. _____

2. _____

3. _____

03

신은 우리를 더욱 선하게, 보다 행복하게 하는 모든 것을
우리 가까이에 두었다. _ 세네카

나에게 고마운 일

1. _____

2. _____

3. _____

다른 사람에게 고마운 일

1. _____

2. _____

3. _____

오늘 기억에 남는 일

1. _____

2. _____

3. _____

04

피할 수 없는 것은 포옹해 주어야 한다. _ 윌리엄 셰익스피어

나에게 고마운 일

1. _____

2. _____

3. _____

다른 사람에게 고마운 일

1. _____

2. _____

3. _____

오늘 기억에 남는 일

1. _____

2. _____

3. _____

05

행복은 습관이다. 지금 이 순간 음미하기, 작은 일에 고마워하기,
타인에게 관대하기, 자연을 바라보고 감탄하기. _ 베른하르트 슐링크

나에게 고마운 일

1. _____

2. _____

3. _____

다른 사람에게 고마운 일

1. _____

2. _____

3. _____

오늘 기억에 남는 일

1. _____

2. _____

3. _____

06

그대를 찬양했더니 그보다 백 배 많은 것을 내게 갚아 주었도다.
고맙다, 인생이여! _ 미셸 투르니에

나에게 고마운 일

1. _____

2. _____

3. _____

다른 사람에게 고마운 일

1. _____

2. _____

3. _____

오늘 기억에 남는 일

1. _____

2. _____

3. _____

07

자신이 **행운아**라고 여기는 만큼 행복해지는 게 인생이다. _ 야마자키 마리

나에게 고마운 일

1. _____

2. _____

3. _____

다른 사람에게 고마운 일

1. _____

2. _____

3. _____

오늘 기억에 남는 일

1. _____

2. _____

3. _____

08

사랑하는 마음과 **누군가를 껴안을 팔**이 있다면
누구에게나 세상은 충분히 멋지다. _ 루시 모드 몽고메리

나에게 고마운 일

1. _____

2. _____

3. _____

다른 사람에게 고마운 일

1. _____

2. _____

3. _____

오늘 기억에 남는 일

1. _____

2. _____

3. _____

09

스쳐 지나가는 사소한 일에도 깨달음을 얻는 사람만이
작은 의무도 소홀히 하지 않고 그것을 통해 보람을 느낀다. _ 레프 톨스토이

나에게 고마운 일

1. _____

2. _____

3. _____

다른 사람에게 고마운 일

1. _____

2. _____

3. _____

오늘 기억에 남는 일

1. _____

2. _____

3. _____

10

행복은 포도주 한 잔, 밤 한 톨, 허름한 화덕, 바다 소리처럼
단순하고 소박한 것이라는 생각이 들었다. _ 니코스 카잔차키스

나에게 고마운 일

1. _____

2. _____

3. _____

다른 사람에게 고마운 일

1. _____

2. _____

3. _____

오늘 기억에 남는 일

1. _____

2. _____

3. _____

11

감사하면 두려움이 사라지고, **풍요로움**이 생긴다. _ 앤서니 로빈슨

나에게 고마운 일

1. _____

2. _____

3. _____

다른 사람에게 고마운 일

1. _____

2. _____

3. _____

오늘 기억에 남는 일

1. _____

2. _____

3. _____

12

사랑이란 이 세상의 모든 것. 하지만 우리는 그 사랑을
자기 그릇만큼밖에는 담지 못하지. _ 에밀리 디킨슨

나에게 고마운 일

1. _____

2. _____

3. _____

다른 사람에게 고마운 일

1. _____

2. _____

3. _____

오늘 기억에 남는 일

1. _____

2. _____

3. _____

13

기다림은 더 많은 것을 견디게 하고, 더 먼 것을 보게 하고,
캄캄한 어둠 속에서도 빛나는 눈을 갖게 한다. _ 신영복

나에게 고마운 일

1. _____

2. _____

3. _____

다른 사람에게 고마운 일

1. _____

2. _____

3. _____

오늘 기억에 남는 일

1. _____

2. _____

3. _____

14

나에게 "안 돼."라고 말한 사람들에게 고맙다.
그로 인해 스스로 할 수 있었기에. _ 알베르트 아인슈타인

나에게 고마운 일

1. _____

2. _____

3. _____

다른 사람에게 고마운 일

1. _____

2. _____

3. _____

오늘 기억에 남는 일

1. _____

2. _____

3. _____

15

부정적인 생각과 감정, 마음가짐을 포기할 때
세상에 넘겼던 힘을 되찾는다. _ 제임스 호킨스

나에게 고마운 일

1. _____

2. _____

3. _____

다른 사람에게 고마운 일

1. _____

2. _____

3. _____

오늘 기억에 남는 일

1. _____

2. _____

3. _____

어떤 계절을 가장 좋아하세요?

벚꽃이 휘날리는 봄? 풍덩풍덩 물놀이를 할 수 있는 여름?

시시각각 변하는 자연이 눈에 보이는 가을?

눈이 펑펑 내리는 겨울?

계절의 변화를 온몸으로 느껴 보세요.

16

작지만 "고맙다."라는 말에는 마법이 들어 있다. _ 아나스 로에일

나에게 고마운 일

1. _____

2. _____

3. _____

다른 사람에게 고마운 일

1. _____

2. _____

3. _____

오늘 기억에 남는 일

1. _____

2. _____

3. _____

17

가장 중요한 건 감동받는 것, 사랑하는 것, 희망하는 것, 떨리는 것,
그리고 **살아가는 것**이다. _ 오귀스트 로댕

나에게 고마운 일

1. _____

2. _____

3. _____

다른 사람에게 고마운 일

1. _____

2. _____

3. _____

오늘 기억에 남는 일

1. _____

2. _____

3. _____

18

인생은 우리가 가장 **소중하게 생각하는** 순서대로 펼쳐진다. _ 유도라 웰티

나에게 고마운 일

1. _____

2. _____

3. _____

다른 사람에게 고마운 일

1. _____

2. _____

3. _____

오늘 기억에 남는 일

1. _____

2. _____

3. _____

19

나는 한 권의 책을 책꽂이에서 뽑아 읽었다. 그리고 그 책을 꽂아 놓았다.
그러나 이미 나는 **조금 전의 내가 아니다.** _ 앙드레 지드

나에게 고마운 일

1. _____

2. _____

3. _____

다른 사람에게 고마운 일

1. _____

2. _____

3. _____

오늘 기억에 남는 일

1. _____

2. _____

3. _____

20

아름답고 소중한 것은 보이거나 만져지지 않는다.
가슴으로만 느낄 수 있다. _ 헬렌 켈러

나에게 고마운 일

1. _____

2. _____

3. _____

다른 사람에게 고마운 일

1. _____

2. _____

3. _____

오늘 기억에 남는 일

1. _____

2. _____

3. _____

21

누군가를 사랑하는 일은 그 사람을 살게끔 하는 것이다. _《논어》

나에게 고마운 일

1. _____

2. _____

3. _____

다른 사람에게 고마운 일

1. _____

2. _____

3. _____

오늘 기억에 남는 일

1. _____

2. _____

3. _____

22

매일 아침 눈뜨자마자 **고마운 일을 머릿속에 그리려고 노력했다.**
그것은 행복과 건강을 가져다주는 습관이었다. _ 데일 카네기

나에게 고마운 일

1. _____

2. _____

3. _____

다른 사람에게 고마운 일

1. _____

2. _____

3. _____

오늘 기억에 남는 일

1. _____

2. _____

3. _____

23

아침에 일어나면 **먹을 것과 사는 것**에 감사하라. _ 테쿰세

나에게 고마운 일

1. _____

2. _____

3. _____

다른 사람에게 고마운 일

1. _____

2. _____

3. _____

오늘 기억에 남는 일

1. _____

2. _____

3. _____

24

여러 가지 많이 해 봐라. 잘되지 않으면 어때?
종이 한 장 버린 셈 치면 되지! _ 메리 엥겔브라이트

나에게 고마운 일

1. _____

2. _____

3. _____

다른 사람에게 고마운 일

1. _____

2. _____

3. _____

오늘 기억에 남는 일

1. _____

2. _____

3. _____

내 **작은 호의**가 세상에 밝은 웃음을 불러일으킨다는 사실을 알면
하루 내내 싱싱한 기운을 낼 수 있다. _ 애덤 로빈슨

나에게 고마운 일

1. _____

2. _____

3. _____

다른 사람에게 고마운 일

1. _____

2. _____

3. _____

오늘 기억에 남는 일

1. _____

2. _____

3. _____

26

나는 침대에서 일어나기 전에 **고맙다는 말**을 한다.
감사가 얼마나 중요한지 알기 때문이다. _ 알 자로

나에게 고마운 일

1. _____

2. _____

3. _____

다른 사람에게 고마운 일

1. _____

2. _____

3. _____

오늘 기억에 남는 일

1. _____

2. _____

3. _____

27

감사하는 마음은 밥상을 잔칫상으로, 낯선 이를 친구로 만든다. _ 멜로디 비티

나에게 고마운 일

1. _____

2. _____

3. _____

다른 사람에게 고마운 일

1. _____

2. _____

3. _____

오늘 기억에 남는 일

1. _____

2. _____

3. _____

28

소중한 것을 찾는 법은 마음만이 알고 있다. _ 표도르 도스토옙스키

나에게 고마운 일

1. _____

2. _____

3. _____

다른 사람에게 고마운 일

1. _____

2. _____

3. _____

오늘 기억에 남는 일

1. _____

2. _____

3. _____

29

우리를 행복하게 만들어 주는 사람에게 고마워하자.
그들은 우리의 영혼에 꽃을 피워 주는 고마운 정원사다. _ 마르셀 프루스트

나에게 고마운 일

1. _____

2. _____

3. _____

다른 사람에게 고마운 일

1. _____

2. _____

3. _____

오늘 기억에 남는 일

1. _____

2. _____

3. _____

30

삶의 **이미 있는 좋은 것**을 인정하는 것이 모든 풍요의 기초이다. _ 에크하르트 톨레

나에게 고마운 일

1. _____

2. _____

3. _____

다른 사람에게 고마운 일

1. _____

2. _____

3. _____

오늘 기억에 남는 일

1. _____

2. _____

3. _____

하루를 '하고 싶은 일'로 채워 봐요.
꿈을 이루기 위한 한 발자국이든, 취미 생활이든.
아주 사소한 일이어도 좋습니다.
좋아하는 것에 푹 빠져 시간을 보내 보세요.

나에게 고마운 일

1. _____

2. _____

3. _____

다른 사람에게 고마운 일

1. _____

2. _____

3. _____

특히 기억에 남는 일

1. _____

2. _____

3. _____

지난 기간 감사했던 기록을 다시 펼쳐 보며, 특히 기억에 남는 일을 세 가지씩 꼽아 보세요. 그 순간을 그림으로 그리거나 사진으로 기록해 보세요. 여러 번 곱씹을수록 우리는 더 작은 것에, 더 자주 감사하게 됩니다.

내 인생의 네 컷

기억에 남는 순간을 네 컷으로 그리거나,
좋은 사람들과 함께하며 찍은 사진을 빈칸에 붙여 봅시다.

31

비우면 채워지고 낡으면 **다시 새로워진다.**
적으면 얻게 되고 많으면 미혹된다. _ 웨인 다이어

나에게 고마운 일

1. _____

2. _____

3. _____

다른 사람에게 고마운 일

1. _____

2. _____

3. _____

오늘 기억에 남는 일

1. _____

2. _____

3. _____

32

있는 그대로의 나를 솔직하게 인정하는 것.
이 이상 든든한 출발이 어디 있으랴. _ 칼릴 지브란

나에게 고마운 일

1. _____

2. _____

3. _____

다른 사람에게 고마운 일

1. _____

2. _____

3. _____

오늘 기억에 남는 일

1. _____

2. _____

3. _____

33

변하고 싶다면 **방식이 아니라 자세를** 바꿔라.
그러려면 실패 경험이 쌓이는 시간이 필요하다. _ 오구라 히로시

나에게 고마운 일

1. _____

2. _____

3. _____

다른 사람에게 고마운 일

1. _____

2. _____

3. _____

오늘 기억에 남는 일

1. _____

2. _____

3. _____

34

인생은 **오직 사랑**에 의해서 움직인다. _ 이반 투르게네프

나에게 고마운 일

I. _____

2. _____

3. _____

다른 사람에게 고마운 일

I. _____

2. _____

3. _____

오늘 기억에 남는 일

I. _____

2. _____

3. _____

35

누구도 **자기 그늘**에 들어가 쉴 수 없다.
내 그늘에는 다른 사람만이 와서 쉴 수 있다. _ 헝가리 속담

나에게 고마운 일

1. _____

2. _____

3. _____

다른 사람에게 고마운 일

1. _____

2. _____

3. _____

오늘 기억에 남는 일

1. _____

2. _____

3. _____

36

헤매는 자가 모두 길을 잃은 것은 아니다. _ 존 로널드 톨킨

나에게 고마운 일

1. _____

2. _____

3. _____

다른 사람에게 고마운 일

1. _____

2. _____

3. _____

오늘 기억에 남는 일

1. _____

2. _____

3. _____

37

우리는 어디서 태어났는가, **사랑**에서. 우리는 무엇으로 자기를 극복하는가,
사랑에 의해서. 우리를 결합시키는 것은 무엇인가. **사랑**. _ 요한 볼프강 폰 괴테

나에게 고마운 일

1. _____

2. _____

3. _____

다른 사람에게 고마운 일

1. _____

2. _____

3. _____

오늘 기억에 남는 일

1. _____

2. _____

3. _____

38

우리가 베푼 **관대함**이 누군가의 인생을
바꿔 놓을 수 있다. _ 마거릿 조

나에게 고마운 일

1. _____

2. _____

3. _____

다른 사람에게 고마운 일

1. _____

2. _____

3. _____

오늘 기억에 남는 일

1. _____

2. _____

3. _____

39

간밤에 비가 내려 춥더니, 그 비 맞고 오늘은 꽃이 활짝 피었구나.
인생의 화복도 저와 같은 것이려니. _ 정약용

나에게 고마운 일

1. _____

2. _____

3. _____

다른 사람에게 고마운 일

1. _____

2. _____

3. _____

오늘 기억에 남는 일

1. _____

2. _____

3. _____

40

삶의 크기는 외적인 위치가 아니라 **내적인 경험**에 좌우된다. _ 토머스 하디

나에게 고마운 일

1. _____

2. _____

3. _____

다른 사람에게 고마운 일

1. _____

2. _____

3. _____

오늘 기억에 남는 일

1. _____

2. _____

3. _____

41

햇살을 향해 얼굴을 들어라. 그러면 그림자를 볼 수 없다. _ 헬렌 켈러

나에게 고마운 일

1. _____

2. _____

3. _____

다른 사람에게 고마운 일

1. _____

2. _____

3. _____

오늘 기억에 남는 일

1. _____

2. _____

3. _____

42

가시덤불 속에 가시가 있다는 것을 알지만 그래도 **손 내밀어 꽃을 발견하려는** 일을
그만두지 않는다. 인생도 이와 같다. _ 조르주 상드

나에게 고마운 일

1. _____

2. _____

3. _____

다른 사람에게 고마운 일

1. _____

2. _____

3. _____

오늘 기억에 남는 일

1. _____

2. _____

3. _____

43

매일매일 좋을 순 없어.
그런데 잘 찾아보면 **매일매일 좋은 일**은 있지. _ 〈곰돌이 푸〉

나에게 고마운 일

1. _____

2. _____

3. _____

다른 사람에게 고마운 일

1. _____

2. _____

3. _____

오늘 기억에 남는 일

1. _____

2. _____

3. _____

44

진정한 풍경은 우리 자신이 만든다. _ 페르난도 페소아

나에게 고마운 일

1. _____

2. _____

3. _____

다른 사람에게 고마운 일

1. _____

2. _____

3. _____

오늘 기억에 남는 일

1. _____

2. _____

3. _____

45

우리가 인생을 아름답게 여기는 것은 단순히 살아왔기 때문이 아니라,
사랑해 왔기 때문이다. _ 프란체스코 페트라르카

나에게 고마운 일

1. _____

2. _____

3. _____

다른 사람에게 고마운 일

1. _____

2. _____

3. _____

오늘 기억에 남는 일

1. _____

2. _____

3. _____

항상 웃을 일, 좋은 일만 생길 수는 없죠.
일이 뜻대로 풀리지 않아 속상할 때도 있을 거예요.
감정을 기록으로 남겨 보세요.
지나가고 나면 전부 나의 힘이 될 거예요.

46

우리는 인생의 가장 어두운 순간에도 **아름다움을 포착하는 능력**이 있다. 그 덕에
상처에 새로운 의미를 부여하고 자신을 추스를 수 있다. _ 그렉 브레이든

나에게 고마운 일

1. _____

2. _____

3. _____

다른 사람에게 고마운 일

1. _____

2. _____

3. _____

오늘 기억에 남는 일

1. _____

2. _____

3. _____

47

행복은 베란다에 있는 **작고 예쁜 꽃**이다. 또는 한 쌍의 **카나리아**다.
눈앞에서 조금씩 성장해 간다. _ 무라카미 류

나에게 고마운 일

1. _____

2. _____

3. _____

다른 사람에게 고마운 일

1. _____

2. _____

3. _____

오늘 기억에 남는 일

1. _____

2. _____

3. _____

48

세상일이란 실제로 해 보면 지레 **걱정했던 것보다 쉬운 법**이야. _ 나가이 가후

나에게 고마운 일

1.

2.

3.

다른 사람에게 고마운 일

1.

2.

3.

오늘 기억에 남는 일

1.

2.

3.

49

인생이란 폭풍우가 지나가기를 기다리는 게 아니라
빗속에서도 춤추는 법을 배우는 것이다. _ 비비언 그린

나에게 고마운 일

1. _____

2. _____

3. _____

다른 사람에게 고마운 일

1. _____

2. _____

3. _____

오늘 기억에 남는 일

1. _____

2. _____

3. _____

50

세상은 둥글다.
막다른 골목처럼 보이는 곳도 출발점이 될 수 있다. _ 아이비 베이커 프리스트

나에게 고마운 일

1. _____

2. _____

3. _____

다른 사람에게 고마운 일

1. _____

2. _____

3. _____

오늘 기억에 남는 일

1. _____

2. _____

3. _____

51

진정한 삶의 길을 찾으려면 두 번 여행해야 한다.
첫 번째 여행은 나 자신을 잃는 것이고,
두 번째 여행은 나 자신을 발견하는 일이다. _ 스튜어트 A. 골드

나에게 고마운 일

1. _____

2. _____

3. _____

다른 사람에게 고마운 일

1. _____

2. _____

3. _____

오늘 기억에 남는 일

1. _____

2. _____

3. _____

52

지구상 모든 음악 중 하늘 저 멀리까지 울려 퍼지는 음악은
진심으로 사랑하는 **마음의 고동 소리**다. _ 헬리 워드 비처

나에게 고마운 일

1. _____

2. _____

3. _____

다른 사람에게 고마운 일

1. _____

2. _____

3. _____

오늘 기억에 남는 일

1. _____

2. _____

3. _____

53

습관은 나무껍질에 새겨 놓은 문자 같아서
그 나무가 자라날수록 커진다. _ 새뮤얼 스마일스

나에게 고마운 일

1. _____

2. _____

3. _____

다른 사람에게 고마운 일

1. _____

2. _____

3. _____

오늘 기억에 남는 일

1. _____

2. _____

3. _____

사람이 가진 강점의 출발은 그 **약점**에 있다. _ 모기 겐이치로

나에게 고마운 일

1. _____

2. _____

3. _____

다른 사람에게 고마운 일

1. _____

2. _____

3. _____

오늘 기억에 남는 일

1. _____

2. _____

3. _____

55

감사하는 마음에는 **생명력**이 있다. 무럭무럭 자라기도 하고
때로는 결실을 맺기도 하니 말이다. _ 베르너 티키 퀴스텐마허

나에게 고마운 일

1.

2.

3.

다른 사람에게 고마운 일

1.

2.

3.

오늘 기억에 남는 일

1.

2.

3.

56

인생은 **모두가 함께하는 여행**이다. 매일매일 우리가 할 수 있는 건
최선을 다해 이 멋진 여행을 만끽하는 것이다. _ 영화 〈어바웃 타임〉

나에게 고마운 일

1. _____

2. _____

3. _____

다른 사람에게 고마운 일

1. _____

2. _____

3. _____

오늘 기억에 남는 일

1. _____

2. _____

3. _____

우리는 자주 오해받는다. 우리 자신이 계속 성장하고 변화하기 때문이다.
우리는 껍질을 벗고 **봄마다 새로운 옷을 입는다.** _ 프리드리히 니체

나에게 고마운 일

1.

2.

3.

다른 사람에게 고마운 일

1.

2.

3.

오늘 기억에 남는 일

1.

2.

3.

58

삶은 가끔 꿈보다 훨씬 **훌륭하다.** _ 에마 치체스터 클라크

나에게 고마운 일

1. _____

2. _____

3. _____

다른 사람에게 고마운 일

1. _____

2. _____

3. _____

오늘 기억에 남는 일

1. _____

2. _____

3. _____

59

부드러움, 애정, 존경의 감정에는 나이가 없다. _ 앙드레 모루아

나에게 고마운 일

1. _____

2. _____

3. _____

다른 사람에게 고마운 일

1. _____

2. _____

3. _____

오늘 기억에 남는 일

1. _____

2. _____

3. _____

60

사람의 인생이 하나의 풍경이라면, 누군가 건넨 **친절과 사랑**은
잊히지 않는 기억의 의자가 된다. _ 엘리자베스 퀴블러 로스

나에게 고마운 일

1. _____

2. _____

3. _____

다른 사람에게 고마운 일

1. _____

2. _____

3. _____

오늘 기억에 남는 일

1. _____

2. _____

3. _____

오늘이 특별한 날이었으면 좋겠습니다.
작은 이벤트를 만들어 '나만의 날'로 만들어 보세요.
평범하게 지나갔을지도 모르는 하루가
기억에 남는 멋진 날이 될 거예요.

다시 감사하기

나에게 고마운 일

1. _____

2. _____

3. _____

다른 사람에게 고마운 일

1. _____

2. _____

3. _____

특히 기억에 남는 일

1. _____

2. _____

3. _____

지난 기간 감사했던 기록을 다시 펼쳐 보며, 특히 기억에 남는 일을 세 가지씩 꼽아 보세요. 그 순간을 그림으로 그리거나 사진으로 기록해 보세요. 여러 번 곱씹을수록 우리는 더 작은 것에, 더 자주 감사하게 됩니다.

내 인생의 네 컷

기억에 남는 순간을 네 컷으로 그리거나,
좋은 사람들과 함께하며 찍은 사진을 빈칸에 붙여 봅시다.

61

어떤 일이 당신을 기다릴지 누가 알겠어요?
여기서는 **모든 것이 기회**로 가득하니까요. _ 프란츠 카프카

나에게 고마운 일

1. _____

2. _____

3. _____

다른 사람에게 고마운 일

1. _____

2. _____

3. _____

오늘 기억에 남는 일

1. _____

2. _____

3. _____

62

누구나 자기 이야기의 **주인공**이다. _ 메리 매카시

나에게 고마운 일

1. _____

2. _____

3. _____

다른 사람에게 고마운 일

1. _____

2. _____

3. _____

오늘 기억에 남는 일

1. _____

2. _____

3. _____

63

우리를 바꾸는 것은 **일상의 작고 단순한 변화**다.
하루아침에 바뀌는 것은 세상에 없으니까. _ 빌 젠슨

나에게 고마운 일

1. _____

2. _____

3. _____

다른 사람에게 고마운 일

1. _____

2. _____

3. _____

오늘 기억에 남는 일

1. _____

2. _____

3. _____

64

나는 **행복에 이르는** 길이 우리를 얽매는 채움이 아니라 우리를 자유롭게 하는 비움이라는 사실을 깨달았다. _ 미하엘 코르트

나에게 고마운 일

1. _____

2. _____

3. _____

다른 사람에게 고마운 일

1. _____

2. _____

3. _____

오늘 기억에 남는 일

1. _____

2. _____

3. _____

65

인생은 꽃, 사랑은 그 꽃의 꿀. _ 빅토르 위고

나에게 고마운 일

1. _____

2. _____

3. _____

다른 사람에게 고마운 일

1. _____

2. _____

3. _____

오늘 기억에 남는 일

1. _____

2. _____

3. _____

66

해가 갈수록 우리는 더 **용감해지고**, 더 **강해지고**, 더 **자유로워진다**. _ 리사 콩던

나에게 고마운 일

1. _____

2. _____

3. _____

다른 사람에게 고마운 일

1. _____

2. _____

3. _____

오늘 기억에 남는 일

1. _____

2. _____

3. _____

67

나는 언제나 외부에서 힘과 확신을 갈구했으나
그것은 내면에서 나왔다. _ 안나 프로이트

나에게 고마운 일

1. _____

2. _____

3. _____

다른 사람에게 고마운 일

1. _____

2. _____

3. _____

오늘 기억에 남는 일

1. _____

2. _____

3. _____

잃는 것이 나쁜 것은 아니다. 때로는 잃지 않으면 얻을 수도 없다. _ 다이 호우잉

나에게 고마운 일

1.

2.

3.

다른 사람에게 고마운 일

1.

2.

3.

오늘 기억에 남는 일

1.

2.

3.

69

당신이 사랑하는 삶을 살라. 당신이 **사는 삶을 사랑하라.** _ 밥 말리

나에게 고마운 일

1. _____

2. _____

3. _____

다른 사람에게 고마운 일

1. _____

2. _____

3. _____

오늘 기억에 남는 일

1. _____

2. _____

3. _____

70

실수를 피할 수는 없다. 다만 넘어지면 다시 일어설 뿐이다. _ 빈센트 반 고흐

나에게 고마운 일

1. _____

2. _____

3. _____

다른 사람에게 고마운 일

1. _____

2. _____

3. _____

오늘 기억에 남는 일

1. _____

2. _____

3. _____

71

우리는 나이 들수록 생의 아름다움을 깨닫는다.
그리고 자신이 얼마나 행복한지 더 많이 알게 된다. _ 알리스 헤르츠좀머

나에게 고마운 일

1. _____

2. _____

3. _____

다른 사람에게 고마운 일

1. _____

2. _____

3. _____

오늘 기억에 남는 일

1. _____

2. _____

3. _____

좋은 사람이란 자기 안에 남을 살게 하는 사람이야. _ 하이타니 겐지로

나에게 고마운 일

1.

2.

3.

다른 사람에게 고마운 일

1.

2.

3.

오늘 기억에 남는 일

1.

2.

3.

73

당신과 내가 할 **가장 중요한** 일은 우리 집 울타리 안에 있다. _ 헤럴드 리

나에게 고마운 일

1. _____

2. _____

3. _____

다른 사람에게 고마운 일

1. _____

2. _____

3. _____

오늘 기억에 남는 일

1. _____

2. _____

3. _____

74

아주 작은 움직임도 그 안에는 **수천 번의 노력**이 있다. _ 맹자

나에게 고마운 일

1. _____

2. _____

3. _____

다른 사람에게 고마운 일

1. _____

2. _____

3. _____

오늘 기억에 남는 일

1. _____

2. _____

3. _____

75

사랑을 베푸는 것은 이 세상을 **꽃밭으로 만드는 위대한 열쇠**다. _ 조지 스티븐슨

나에게 고마운 일

1. _____

2. _____

3. _____

다른 사람에게 고마운 일

1. _____

2. _____

3. _____

오늘 기억에 남는 일

1. _____

2. _____

3. _____

함께하면 좋은 사람들과 시간을 보내세요.
"감사합니다."라고 소리 내서 말해 보세요.
"고마워.", "덕분에 잘 됐어.", "기분 좋은 날 보내."
당신이 용기 내 전한 진심 덕분에, 모두가 행복한 날이 될 거예요.

76

보려는 눈만 있다면, **경이로움**은 매일매일 존재한다. _ 케이트 그로스

나에게 고마운 일

1. _____

2. _____

3. _____

다른 사람에게 고마운 일

1. _____

2. _____

3. _____

오늘 기억에 남는 일

1. _____

2. _____

3. _____

77

사랑이 없는 세계에서 산다면 우리의 마음은 어떻게 될까.
램프 없는 환등기와 다를 바 없을 걸세. _ 요한 볼프강 폰 괴테

나에게 고마운 일

1. _____

2. _____

3. _____

다른 사람에게 고마운 일

1. _____

2. _____

3. _____

오늘 기억에 남는 일

1. _____

2. _____

3. _____

78

틈이 있어야만 햇살이 파고들 수 있다. _ 도미니크 로로

나에게 고마운 일

1. _____

2. _____

3. _____

다른 사람에게 고마운 일

1. _____

2. _____

3. _____

오늘 기억에 남는 일

1. _____

2. _____

3. _____

79

누구나 가만히 귀를 기울이면
자기 자신에게서 다른 누구보다 **훌륭한 길잡이**를 발견할 수 있다. _ 제인 오스틴

나에게 고마운 일

1. _____

2. _____

3. _____

다른 사람에게 고마운 일

1. _____

2. _____

3. _____

오늘 기억에 남는 일

1. _____

2. _____

3. _____

80

산다는 것은 생생한 경험을 쌓고 그 경험을 경이와 고마움으로
돌아보는 기회를 얻는 것이다. _ 대니얼 클라인

나에게 고마운 일

1. _____

2. _____

3. _____

다른 사람에게 고마운 일

1. _____

2. _____

3. _____

오늘 기억에 남는 일

1. _____

2. _____

3. _____

81

내면의 소리에 귀를 기울일수록 밖에서 나는 소리를
더 잘 들을 수 있다. _ 다그 함마르셸드

나에게 고마운 일

1.
2.
3.

다른 사람에게 고마운 일

1.
2.
3.

오늘 기억에 남는 일

1.
2.
3.

82

사랑은 마주보는 게 아니라 함께 같은 방향을 보는 것이다. _ 생텍쥐페리

나에게 고마운 일

1. _____

2. _____

3. _____

다른 사람에게 고마운 일

1. _____

2. _____

3. _____

오늘 기억에 남는 일

1. _____

2. _____

3. _____

83

행복으로 가는 유일한 길이 있다.
우리가 어쩌지 못하는 일에 대해 근심하지 않는 것이다. _ 에픽테토스

나에게 고마운 일

1. _____

2. _____

3. _____

다른 사람에게 고마운 일

1. _____

2. _____

3. _____

오늘 기억에 남는 일

1. _____

2. _____

3. _____

84

우리 자신을 사랑할 때 자신의 성장에 관심을 두게 된다. _ 모건 스캇 펙

나에게 고마운 일

1. _____

2. _____

3. _____

다른 사람에게 고마운 일

1. _____

2. _____

3. _____

오늘 기억에 남는 일

1. _____

2. _____

3. _____

85

영원하면서도 후회가 남지 않은 도전은
자신에 대한 도전뿐이다. _ 보나파르트 나폴레옹

나에게 고마운 일

1. _____

2. _____

3. _____

다른 사람에게 고마운 일

1. _____

2. _____

3. _____

오늘 기억에 남는 일

1. _____

2. _____

3. _____

86

사람의 마음을 정원에 비유하면, 제대로 경작할 수도 있고 멋대로 버려둘 수도 있다. 그러나 경작하든 버려두든 반드시 뭔가가 자라게 되어 있고, 실제로 그렇게 된다. _ 제임스 엘런

나에게 고마운 일

1. _____

2. _____

3. _____

다른 사람에게 고마운 일

1. _____

2. _____

3. _____

오늘 기억에 남는 일

1. _____

2. _____

3. _____

87

아무리 먼 여행도 **한 걸음**으로 시작된다. _ 에드워드 애비

나에게 고마운 일

1. _____

2. _____

3. _____

다른 사람에게 고마운 일

1. _____

2. _____

3. _____

오늘 기억에 남는 일

1. _____

2. _____

3. _____

88

하늘과 땅은 오래되었지만 끊임없이 새것을 낳고,
해와 달은 오래되었지만 그 빛은 날로 새롭다. _ 박지원

나에게 고마운 일

1. _____

2. _____

3. _____

다른 사람에게 고마운 일

1. _____

2. _____

3. _____

오늘 기억에 남는 일

1. _____

2. _____

3. _____

89

견디기 어려운 것일수록 **아름다운 추억거리**가 된다. _ 포르투갈 격언

나에게 고마운 일

1. _____

2. _____

3. _____

다른 사람에게 고마운 일

1. _____

2. _____

3. _____

오늘 기억에 남는 일

1. _____

2. _____

3. _____

90

사소하지만 애정 어린 행동이야말로 가장 큰 사랑을 전달할 수 있다.
당신의 사랑을 **생활의 모든 순간**에 불어넣어라. _ 카렌 와이어트

나에게 고마운 일

1. _____

2. _____

3. _____

다른 사람에게 고마운 일

1. _____

2. _____

3. _____

오늘 기억에 남는 일

1. _____

2. _____

3. _____

생명력 넘치는 식물은 바라보는 것만으로도 기분이 좋아져요.
느리지만 푸릇푸릇 싱그럽게 자라나는 잎사귀처럼
나도 자라나고 있습니다.

91

긍정적인 태도는 기적의 묘약이다. _ 패트리샤 닐

나에게 고마운 일

1. _____

2. _____

3. _____

다른 사람에게 고마운 일

1. _____

2. _____

3. _____

오늘 기억에 남는 일

1. _____

2. _____

3. _____

92

사랑 자체가 지식이다. 더 많이 사랑할수록 더 많이 알게 된다. _ 그레고리우스

나에게 고마운 일

1.
2.
3.

다른 사람에게 고마운 일

1.
2.
3.

오늘 기억에 남는 일

1.
2.
3.

93

행복은 쥐고 있는 것을 **놓아주는** 데서 시작된다. _ 루미니타 새비억

나에게 고마운 일

1. _____

2. _____

3. _____

다른 사람에게 고마운 일

1. _____

2. _____

3. _____

오늘 기억에 남는 일

1. _____

2. _____

3. _____

94

당신이 하는 **대부분의 일이 사소하다.** 하지만 당신이 그것을 한다는 점은
매우 중요하다. _ 마하트마 간디

나에게 고마운 일

1. _____

2. _____

3. _____

다른 사람에게 고마운 일

1. _____

2. _____

3. _____

오늘 기억에 남는 일

1. _____

2. _____

3. _____

95

바람이 부는 방향을 보고 서면 역풍이지만 바람을 등지면 순풍이 된다.
인생의 순풍과 역풍은 내가 행동하기에 따라 다르다. _ 로랑 구넬

나에게 고마운 일

1. _____

2. _____

3. _____

다른 사람에게 고마운 일

1. _____

2. _____

3. _____

오늘 기억에 남는 일

1. _____

2. _____

3. _____

96

음악은 영혼에서 일상생활의 먼지를 털어 낸다. _ 바흐

나에게 고마운 일

1. _____

2. _____

3. _____

다른 사람에게 고마운 일

1. _____

2. _____

3. _____

오늘 기억에 남는 일

1. _____

2. _____

3. _____

97

말은 가슴에 와닿는 햇빛처럼 따스해야 한다. _ 인디언 격언

나에게 고마운 일

I. _____

2. _____

3. _____

다른 사람에게 고마운 일

I. _____

2. _____

3. _____

오늘 기억에 남는 일

I. _____

2. _____

3. _____

98

아름다운 것은 선하다, 그렇기에 **선한 사람도** 역시 아름다워질 것이다. _ 사포

나에게 고마운 일

1. _____

2. _____

3. _____

다른 사람에게 고마운 일

1. _____

2. _____

3. _____

오늘 기억에 남는 일

1. _____

2. _____

3. _____

99

어떤 일을 할 때 가장 가슴 뛰는지, 어떤 일을 하는 순간이 가장 기다려지고 설레는지
살펴봐라. 가슴에 가장 많이 머무르는 대상이 바로 **당신의 꿈**이다. _ 아네스 안

나에게 고마운 일

1.

2.

3.

다른 사람에게 고마운 일

1.

2.

3.

오늘 기억에 남는 일

1.

2.

3.

100

이제는 **당신이 상상해 온 삶을 살 시간입니다.** _ 헨리 제임스

나에게 고마운 일

1. _____

2. _____

3. _____

다른 사람에게 고마운 일

1. _____

2. _____

3. _____

오늘 기억에 남는 일

1. _____

2. _____

3. _____

다시 감사하기

나에게 고마운 일

1. _____

2. _____

3. _____

다른 사람에게 고마운 일

1. _____

2. _____

3. _____

특히 기억에 남는 일

1. _____

2. _____

3. _____

지난 기간 감사했던 기록을 다시 펼쳐 보며, 특히 기억에 남는 일을 세 가지씩 꼽아 보세요. 그 순간을 그림으로 그리거나 사진으로 기록해 보세요. 여러 번 곱씹을수록 우리는 더 작은 것에, 더 자주 감사하게 됩니다.

내 인생의 네 컷

기억에 남는 순간을 네 컷으로 그리거나,
좋은 사람들과 함께하며 찍은 사진을 빈칸에 붙여 봅시다.

MEMO

MEMO

3·3·3
감시 노트 [Peach Fuzz]

초판 1쇄 발행 2020년 2월 1일
초판 21쇄 발행 2024년 3월 31일

지은이   좋은생각 편집부
펴낸이   허대우

기획 편집   이정은, 한혜인
디자인   길수진, 도미솔
영업·마케팅   도건흥, 김은석, 정성효, 김서연, 김경언
경영지원   채희승, 안보람, 황정웅

펴낸곳   ㈜좋은생각사람들
주소   서울시 마포구 월드컵북로22 영준빌딩 2층
이메일   book@positive.co.kr
출판등록   2004년 8월 4일 제2004-000184호

ISBN 979-11-87033-38-7 (03190)

좋은생각은 긍정, 희망, 사랑, 위로, 즐거움을 불어넣는 책을 만듭니다.
ⓘ positivebook_insta Ⓗ www.positive.co.kr